Text und Illustrationen von Ana Obtresal

Heute ist ein wirklich besonderer Tag. Der große Pandabär hat seinen Freund, den Dachs, zu einer chinesischen Teezeremonie eingeladen. Er hat schon alles vorbereitet. Vor ihm steht ein kleines Tischlein mit Schalen und einer Teekanne.

今天是个特别的日子。大熊猫邀请他的朋友，獾，来喝中国茶。他已经把所有的东西都准备好了。在他面前是一张小桌子，上面摆着一个茶壶和一些茶杯。

Da kommt auch schon sein Freund, der Dachs. Er ist ganz aufgeregt, denn er hat noch nie an einer echten chinesischen Teezeremonie teilgenommen.
„Setz dich doch", sagt der große Pandabär, „wir können gleich beginnen."

他的朋友很快就来了。獾十分的兴奋。因为他还从来没有真正的体验过中国茶道。
"快请坐,"大熊猫说,"我们现在就可以开始了。"

Der Dachs hat es sich bequem gemacht und bestaunt jetzt all die Schälchen und Dinge auf dem Tischlein. Eines hat einen Deckel, das macht den Dachs neugierig. „Was ist denn in diesem Schälchen da, ist da der Tee drin?", fragt er.
„Hab Geduld", sagt der große Pandabär, „eins nach dem anderen."

獾安静地坐在那儿，惊奇地看着小桌子上的茶杯和其他的东西。其中一个茶杯有一个茶盖，这让他很好奇。"这个茶杯里装的什么呢，是茶么？"他问。
"耐心点，"大熊猫说，"我们慢慢来。"

Und dann wird der große Pandabär ganz feierlich. „So, mein lieber Feund, lass uns die Zeremonie beginnen!"
„Oh ja!", ruft der Dachs. Der große Pandabär hebt den Deckel des größeren Schälchens und gießt ein wenig heißes Wasser aus der Kanne hinein. Dann gießt er das Wasser aus dem großen Schälchen in die beiden kleinen Schälchen.

随即大熊猫变得十分严肃。"好的，我亲爱的朋友，我们现在可以开始沏茶了！" "哦，太好了！" 獾说道。
大熊猫掀开稍微大一点的茶杯，从茶壶向杯里倒了些热水。然后他又把这个茶杯里的水倒进了两个小茶杯里。

„Das ist aber seltsamer Tee", denkt der Dachs.

"这真是奇特的茶，" 獾这样想着。

„Bist du sicher, du machst das richtig?", fragt er seinen Freund, „der Tee sieht ein wenig blass aus."
„Hab Geduld", sagt der große Pandabär, „das ist nur heißes Wasser zum Vorwärmen der Schalen", und schüttet das Wasser wieder aus.

"你确定,这样做是对的么?"他问他的朋友,"茶看起来有一点儿淡。" "耐心点,"大熊猫说,"这只是热水,用来预热一下茶杯的,"然后他把水又倒了出去。

„Ah!", macht der Dachs, „das ist schlau. Dann wird der Tee später nicht kalt." – „Genau", sagt der große Pandabär.

"啊!" 獾想了想,"这真是聪明的做法。这样茶 待会儿 就不会凉了。" "正是这样,"大熊猫说。

Jetzt nimmt er die Schale mit den getrockneten Teeblättern und legt ein paar davon in das größere Schälchen.
„Riech mal", sagt er zum Dachs und hält ihm das Schälchen unter die Nase. „Hm, wie das duftet, ein wenig nach Erde", sagt der Dachs.

现在他取来了一些干茶叶，然后放了一些在大一点的茶杯里。"闻一下，"他把茶杯放在獾的鼻子下面，对他说。"嗯，这闻起来有点像泥土，"獾说道。

Der große Pandabär lächelt und nimmt die Kanne.
Er macht alles sehr sorgfältig und bedächtig.
„Sehr feierlich", denkt der Dachs und sieht zu, wie sein Freund ein wenig heißes Wasser in das Schälchen mit den Teeblättern gießt.

大熊猫笑了笑，小心翼翼、不慌不忙地把茶壶拿了过来。
"好隆重啊，"獾一边想着，一边看着他的朋友向装有茶叶的茶杯里倒了些热水。

„Das ist der erste Aufguss", erklärt der große Pandabär, „der Aufguss des guten Geruchs. Er öffnet die Teeblätter", erklärt er weiter und gießt den Tee jetzt in die beiden Schälchen. Der Dachs freut sich schon auf den Tee und möchte gleich probieren. „Nein", sagt der große Pandabär, „hab Geduld", und leert die Schälchen wieder aus.

"这是沏的第一道茶，"大熊猫解释道，"第一道茶闻起来很香，他让茶叶舒展开来，"他边解释边把茶倒进了两个小茶杯里。
獾很高兴，想要尝尝茶的味道。"不，"大熊猫说，"耐心一些，"然后他又把茶杯里的茶倒掉了。

„Der gute Tee!", ruft der Dachs, „trinken wir ihn denn gar nicht?"

"那么好的茶！" 獾大喊道，"我们为什么不喝呢？"

„Noch nicht", sagt der große Pandabär, „der erste Aufguss ist noch ganz bitter. Wir trinken den zweiten Aufguss. Den Aufguss des guten Geschmacks." Und dann gießt er erneut heißes Wasser in das Schälchen mit den Teeblättern.
„Jetzt muss der Tee ein wenig ziehen", erklärt der große Pandabär. „Wie lange?", fragt der Dachs.
„Zähl bis 10", antwortet sein Freund.
„1, 2, 3, 4, 5, 6, 7, 8, 9, 10", zählt der Dachs.

"还没到时候，"大熊猫说，"第一道茶还是很苦涩的。我们喝第二遍沏的茶。第二遍茶是可口的。"然后他又向装有茶叶的茶杯里添了些热水。
"现在茶需要泡一会儿，"大熊猫说。"多久呢？"獾问道。
"数到十就可以了"他的朋友回答道。
"一，二，三，四，五，六，七，八，九，十"獾数着数。

„Jetzt ist der Tee genau richtig", meint der große Pandabär und gießt ein wenig davon in eines der beiden Schälchen. Und dann ein wenig in das andere Schälchen. Und dann wieder ein wenig in das eine Schälchen. Und dann wieder ein wenig in das andere Schälchen.
„So schmeckt der Tee in beiden Schalen gleich", sagt er und reicht seinem Freund eine der beiden Schalen. Für sich selbst nimmt er die andere.

"现在这茶刚刚好,"大熊猫一边说着,一边先向一个茶杯里倒了些茶。然后向另一个茶杯里也倒了些茶。之后又倒了些到第一个茶杯,然后是另一个茶杯。
"这样两杯茶尝起来就一样了,"大熊猫边说边将其中一杯茶递给了他的朋友,自己拿起了另外一杯。

„Zuerst riechen", sagt der große Pandabär.
„Hm, wie das duftet, ganz anders als die trockenen Blätter, viel zarter, viel blumiger", kommt der Dachs ins Schwärmen.
Und dann trinken sie beide genüsslich ihre Schälchen leer.

"首先要闻一下," 大熊猫说道。
"嗯，这闻起来完全和茶叶不一样，更柔和了，也更芳香，"獾深深地陶醉在其中。然后他们一起很享受地喝完了茶。

„Köstlich", lobt der Dachs.

"真可口呀," 獾说道。

Möchtest du noch eine Schale Tee?", fragt der große Pandabär. „Ja gerne!", ruft der Dachs. Und so gießt der große Pandabär noch einmal heißes Wasser in die Schale mit den Teeblättern.

"你还想要一杯么?"大熊猫问道。"当然,"獾说道。于是大熊猫又向装有茶叶的茶杯里倒了些热水。

„Diesmal zählst du bis 10 und dann nochmal bis 10", sagt er zu seinem Freund, dem Dachs.
„1, 2, 3, 4, 5, 6, 7, 8, 9, 10 und nochmal, 1, 2, 3, 4, 5, 6, 7, 8, 9, 10", zählt der Dachs. „Warum muss ich zweimal bis 10 zählen?", fragt er seinen Freund.
„Jeder Aufguss hat seine eigene Zeit", antwortet der große Panda und gießt den Tee in die beiden Schälchen. „Hier bitte nimm."

"这次你要先数到十，然后再数一遍。"大熊猫向他的朋友说道。"一、二、三、四、五、六、七、八、九、十 再来一遍，一、二、三、四、五、六、七、八、九、十"獾数着。"为什么我要数两遍呢？"他问他的朋友。
"每一道茶都有它自己的时间，"大熊猫回答道，并将茶倒进了两个茶杯里。"请、拿着。"

Der Dachs schnuppert und kostet ein wenig. „Hm, wirklich hervorragend, und es schmeckt ganz anders als vorhin." „Ja", sagt der große Pandabär, „jeder Aufguss hat seinen eigenen Geschmack." Und dann trinken sie ihre Schalen leer.

獾闻了闻，品尝了一小口，"嗯，真可口，和前一道茶完全不一样。" "是的，" 大熊猫说，"每一道茶都有它自己的味道。" 然后他们喝完了他们的茶。

„Möchtest du noch eine Schale Tee?", fragt der große Pandabär. „Sehr gerne", antwortet der Dachs. Der große Pandabär gießt heißes Wasser in die Schale mit den Teeblättern nach. „Musst du nicht neue Teeblätter nehmen?", fragt der Dachs. „Nein", antwortet sein Freund, „nicht nötig. Diese Teeblätter haben so viel Geschmack in sich, dass wir sie öfter aufgießen können. Wir müssen den Tee nur jedesmal ein wenig länger ziehen lassen."
„Also bis 10 zählen und dann noch einmal bis 10 und dann noch einmal?", fragt der Dachs.
„Genau!", sagt der große Pandabär, „so können wir noch stundenlang von diesem Tee trinken, wenn du möchtest."
„Oh, ja!", freut sich der Dachs. Die Teezeremonie gefällt ihm. Das möchte er gerne noch stundenlang genießen.

"你还想要一杯茶么?"大熊猫问。"乐意之至,"獾回答道。大熊猫又向装有茶叶的茶杯里倒了些热水。"你不需要放些新的茶么?" 獾问。"不,"大熊猫回答道,"没有必要的,这些茶叶里有很浓的味道,可以沏很多道茶。我们只需要让茶泡的久些就可以了。"
"那么就先说到十,然后再数一遍,然后再说一遍么?"獾问道。
"就是这样,"大熊猫说,"你想花多长时间来享用我们的茶都可以。""这太好了," 獾十分高兴。他很喜欢中国的茶道,也很乐意悠闲地享用它。